AF285897

Herbert Schurig

Sonette

Bibliografische Information der Deutschen Bibliothek:
Die Deutsche Bibliothek verzeichnet diese Publikation in
der Deutschen Nationalbibliographie; detaillierte
bibliografische Daten sind im Internet über
http://dnb.ddb.de abrufbar.

© 2008 Herbert Schurig
Herstellung und Verlag:
Books on Demand GmbH, Norderstedt
ISBN-13:9783833494925

Zum Geleit

Am Sonett sollte sich der Lyriker von Zeit zu Zeit schulen wie etwa der Maler am Zeichnen. Solange es diese Gedichtform gibt, immerhin sieben Jahrhunderte schon, fanden es die meisten der Großen reizvoll, sich diese Schule aufzuerlegen , von Dante bis J.R. Becher. So blieb das Sonett lebendig, trotz seiner Strenge in Form und gedanklicher Führung. Oder gerade wegen dieser?!

An die Parzen

Die dunkel ihr die dunklen Fäden spinnt
und eurer Willkür grause Sprüche heult,
die ihr die Wirren unsres Schicksals knäult,
das Glas zerschlagt, bevor der Sand verrinnt,

zerstört, was da verheißungsvoll beginnt!
Die Jugend ihr und Unschuld abberuft
und Greise warten lasst an offner Gruft –
ich bitt' euch, bleibt mir fürder wohlgesinnt!

Spinnt meinen Lebensfaden noch ein Stück!
Das wahre Hochgefühl ist im Gelingen,
so lasst mir denn der Reife goldnes Glück,

ruft nicht auf halbem Wege mich zurück!
Ich bitt' euch, lasst mich dieses noch vollbringen:
Lasst mich mein Lied zu Ende singen!

O Wald

O wald, in den die Himmel sich versenken!
O regenschwerer Wald! Aus allen Zweigen
von Blatt zu Blättern träuft es. Welch ein Reigen
von Nehmen und von reichem Weiterschenken

hinab bis zu der mütterlichen Erde!
Und sieh: Als ob verborgne Zauber riefen,
so steigt's herauf aus uralten Tiefen,
es schwelt, als ob ein Spuk lebendig werde.

Das ist der Hauch des Waldes, der, berauscht,
sich in den Dunst des eignen Atems hüllt.
Und wie er steht und, tief in sich versunken,

dem tropfenden Gesang des Regens lauscht,
der sanft, melodisch fast, die Luft erfüllt,
da steh auch ich, an all der Schönheit trunken.

Heimat

Hügelwogen
weicher Bogen
hingezogen
sanft im Schwung.

Lichter blinken
fern und winken,
sinken
in die Dämmerung.

Heimat, meine
Tiefen rührt
dein milder Blick;

ach, und reine
Liebe führt
mich dir zurück.

Oberes Polenztal

Es ist ein steiler Weg nur, der uns führt,
dem Eifer folgend, den das Flüsschen hegt,
das da forellenquicklebendig sich bewegt
und schwätzend immer neue Eile schürt.

Bald tritt der Felsen bis ans Ufer hin,
lässt selbst dem schmalen Pfad nicht Raum und drängt
ihn auf zum Walde, der in Steilen niederhängt,
bald aber wieder ändert er den Sinn

und weicht und öffnet bogenweite Wiesen,
anmutig zur Idylle ladend, und
so senkt sich denn der Weg hinab zum Grund,
damit wir nun verweilen und genießen.

Doch erst, wenn hier die Märzenbecher sprießen,
will dieses Tal uns seinen ganzen Reiz erschließen.

Unteres Polenztal

Erst dann, wenn jene Ader ausgeströmt,
die Straße, die die fremden Fluten führt,
ja, wenn der Ruch der Gase und der Lärm,

der Hall der frechen Schritte sich verliert,
der Tag der Mühlen endlich ausgeleert,
und sie zurück in ihre Mauern treten,

dann erst beginnt das Tal sein eignes Leben,
wo Wipfelsaum und Dunst Gespinste weben,
wo unterm Schattenflügel seiner Stillen
verborgene Geräusche sich enthüllen,

die Polenz ihre Mondgesänge spiegelt
und schlummernde Geheimnisse entsiegelt,
und Felsen wechselnde Gestalten wählen,
von heilig tiefem Schaudern zu erzählen.

Maimühle

Im Tale ein Gespinst von Wipfelsaum
und Phantasie, und in den Mondschein flicht
der Nebel ein verfallendes Gesicht –
ein Haus, ach, eines Zaubers alter Traum,

der aus Vergangenem herüberdämmert,
ein uralter tätiger Gedanke,
der, tappend zwischen Modersteig und Planke,
Gewerke sucht, die einstens hier gehämmert.

Die Jahre weben ihre Einfalt drin.
Verschwiegne Monde geh'n hier ein und aus.
Wie lange noch? Ach, der moderne Sinn
spült seinen Ungeist schon um dieses Haus.

Bald wird er auch nach dessen Wurzel greifen
und diese letzte Mondidylle schleifen.

Apfelblüte

Des Frühlings Bäume bräutlich rein geschmückt,
der Hochzeit Wonnen atmen sie im Garten.
Mit Rosenhauch im Weiß, dem innig zarten
ist jeder Zweig hier blütenreich bestückt.

Der Himmel liebt die lockern Blütenschäume,
vermählt sie fliegend seinem lichten Blau;
die Nächte wehen melancholisch lau
und weben lockend duftbewegte Träume.

Bis tief ins Herze weht der schwere Duft
und schwellt es auf zu unbekanntem Sehnen;
wir ahnen ferne höher'n Sinn und wähnen
beseelten Atem in der milden Luft.

Ist holder Trug nur diese Zeit der Blüten?
Ist es die Frucht allein, für die sie glühten?

Buchen im Vorfrühling

Ein Schweben zwischen hellem Grau und Licht,
so angesilbert. Ragend aufgebaut
Gewölbe, deren Höhe sich verflicht
zu feinsten Filigranen, kühl durchblaut.

Die Zartheit ist's von erster Haut,
von Flügeln, schimmernd, die Geäder fein
durchpulst . lebendig, tropfenrein,
und Kühle, die vom Rest des Winters taut.

Es ist ihr Duft, der in die Knospen haucht,
mit violetten Zaubern sie umsäumt –
Pastelle, die ein Maler nur erträumt,

und von der Klarheit, die der Bäche Eis
umspült; und so erscheint der weite Kreis
wie aus den Wassern spiegelnd aufgetaucht.

Elbsandstein im Winter

Der Himmel eine einzig graue Flucht,
ein Jagen hin ins Nichts. Der alte Turm
der Felsen bricht den missgelaunten Sturm,
der denn an Baumeswipfeln sich versucht.

Doch kalte Würde hält das Eis dagegen,
der fesselnde Kristall. Des Lichtes Tauben
gefangen in der Schönheit klarer Trauben,
wo sie als spiegelnder Reflex sich regen.

Die Felsen feiern ihres Eises Fall
in den Akkorden statischer Gesänge,
im Märchenglitzer träumender Behänge,
im Glanz der Säulen, Perlen, Kelche all.

Und kannst du lauschend jenen Sturm durchdringen,
hörst du den Silbergang der Tropfen klingen.

Am Abend

Und alles um mich her sinkt in den Abend:
die stillen Bäume und der Bach zu Füßen,
die Niedrung in der Sanftheit ihres Grases,
die fernen Mauern auch und ihre Schatten –

sie sinken in ein Meer von Glas und Stille,
sie sinken in den Zauber der Verklärung
von Farben hin zu Farben immer weiter,
von einem Leuchten in die Glut des andern.

Doch milder stets und ferner tönt das Licht.
Schon nimmt's die Farben wieder von den Dingen
und führt sie aufwärts gegen seine Himmel.
So, scheidend, lässt es uns zurück

und lässt uns tief und immer tiefer sinken,
bis sich die Blicke lösen und ertrinken.

August

Welche Entschiedenheit im Ruf der Reife,
im Schnitt des Erntenden! Zu gern
wies beides unser Herz zurück –

ist's doch, als ob uns die Vergängnis streife.
Das Unabweisliche, das wir so fern
noch wähnten, drängt sich plötzlich vor den Blick.

Und doch: Noch immer mehrt sich ja die Fülle!
Wie sich die Rosen abermals entfalten,
und Lockendes die zauberhafte Hülle
zersprengt, und zuversichtliche Gestalten

wie eh sich froher Kraft zum Tage drängen!
Was? Der Vergängnis Hauch? Das Heidekraut,
es steht ja eben erst im Schmuck der Braut!
Lass dir das Herz nicht allzu zeitig engen!

Schon

Erst gestern war es, dass uns die durchblauten,
die reinen Frühlingshimmel aufwärts riefen,
dass wir in ihre sonndurchklarten Tiefen
die lichten Schlösser unsrer Sehnsucht bauten!

Ja, gestern war es erst, dass mit den Blüten
die Herzen tausendfache Hoffnung trieben,
wir uns zu dem bekannten, was wir lieben,
und unsre Herzen Kraft und Leben sprühten!

Nun winkt der Sommer schon den Abschiedsgruß.
Zwar ist's ein zuversichtlich heitres Winken
mit stillen Farben, die im Blattwerk blinken,

noch immer wärmt die Sonne, doch ihr Kuss
ist ohne Glut. Ach, sie belebt nicht mehr.
Das Herz verengt sich wieder und wird schwer.

Farben des Herbstes

Membranen, golden vor der Sonn' zersprüht
in Himmelswölbungen von Glas und Blau –
der glücklichsten Erfüllung heitre Schau.
Doch auch Vergängnis, die im Bernstein glüht,

die stille Würde des Rubins, die Glut
des roten Weins, der an den Bergen hing
und dort die heilge Kraft der Sonne fing,
wie auch der Rost, der schon so bald den Mut

des jungen Eisens brach, die Sprödigkeit
von totgebranntem Lehm und altes Grün,
durch das die Steine der Verwittrung klaffen,

an dem seither die ewgen Regen schaffen.
Und Pfahl um Pfahl vor der Verlassenheit
des Meeres und ihr einsam stummes Müh'n.

Septembertag

O milde, wunderbare Resignation!
Denn immer schuldet uns das Blüh'n
die reichere Frucht. Welch heiteres Geschick!

Und wallt an solchem Einvernehmen noch alles
wieder freudig auf, und tritt in stiller
Glut die Reife über ihre Ufer.

Denn weich und freundlich ist der Blick der Sonne.
Es ist die Freundlichkeit der Gebenden.
Sie lässt uns scheidend ihr Geschenk zurück,
den Wein, der duftendes Aroma nährt,

und Pflaumenblau, das durch die Blätter drängt,
und froher Äpfel blinzelndes Vergnügen
und Birnengelb, das wie ein Überfluss,
wie voller Saft zu schweren Tropfen hängt.

Herbst

Das Leben muss sich der Vergängnis neigen.
Reifes Laub . in seinen Hüllen bricht
sich tausendfarbig wundervolles Licht,
und golden tropft's herab an Stamm und Zweigen,

ein Glanz, ein stilles, heiteres Verglühn!
Mit einem warmen Gruße winkt
die Sonn dem Sommer nach, eh sie versinkt.
Ihr letztes lächelndes Bemüh'n:

Sie pflückt den Reichtum schöner Blätter ab.
So nimmt sie nur zurück, was sie einst gab.
Und schließlich, schweigend, steigt sie selbst hinab

und lässt die Brachen ihrer blassen Schwester
das Grau, die Nebel und die Krähennester.

Ihr nicht

Ihr wart nicht unter unsern stillen Bäumen.
Ihr liebtet mehr die steingesäumten Straßen,
Duft von Parfümen und von Auspuffgasen.
Und doch, wie konntet ihr den Herbst versäumen!?

Wie haben wir die Bäume froh geweiht!
Ach, mit der Sonne haben wir erlebt,
wie Gold, das man zu vollem Trunke hebt,
an Schalen glüht! Welch eine goldne Zeit!

Sie lodert fort in uns und überstrahlt
des Winters bleiche, triste Dürftigkeit.
Und wenn ihr dann am falschen Tag, der doch

mit Neon nur und toten Farben prahlt,
vergebens Wärme sucht, sind wir gefeit
und glühn im Hauche der Erinnrung noch.

Und wieder

Und wieder die müden, spärlichen Tage,
das Erdwärtssinken, die welkende Dauer,
der sterbenden Blätter einsame Trauer
und Regen, der eine stumme Klage,

durch die verlassenen Bäume geht –
tauber Seelen verlorenes Lied.
Wie es zu all den Wassern zieht,
in der bleichen Dämmerung verweht!

Das Licht erstickt in des Nebels Last.
Die Wälder stehen verschlossen und leer.
Ein Seufzer löst sich, bitter und schwer,
bei dem das bangende Herz erblasst.

Was da noch lebt, verschließt sich solchem Blick
und zieht sich schweigend in sich selbst zurück.

Dezember

Die Bäume stehen hilflos vor dem Wind.
Ach, ihre starren, nackten Äste sind
gereckte Arme, die aus Gräbern rufen.
Doch immer abwärts geht's in finstren Stufen.

Und alles mündet in die großen Nächte,
die schwarzen, unermessenen Höhlen, die
kein Schrei erhebt, sind doch die Ödnis wie
die Dunkelheit und Kälte stumme Mächte.

Des Menschen Zuflucht aber ist das Licht.
Wärmender Schein wird ihm den Kreis erhellen,
und Tröstung sind ihm seine alten Lieder;

er sucht die Nähe seinesgleichen wieder,
traulich will man einander zugesellen
und leistet altem Streite selbst Verzicht.

Gänseblümchen

Und ob der Herbst die Blumen längst vertrieben,
die Farben alle aus dem Tag verbannt,
ist doch der Sonn sein Blütenstern geblieben,
der einzige im grau erstorbenen Land.

Ja, selbst im Winter, wenn für kurze Zeit
der Sonne milder Blick befreit die Wiesen,
reckt sich das Gänseblümchen blütenweit,
das Licht des Himmels wieder zu begrüßen.

Vor unsren Füßen blickt's bescheiden auf,
und zarter Worte, innig will es fleh'n,
zu hemmen unsren unbedachten Lauf,
nicht achtlos über es hinweg zu geh'n.

Man tut ihm Unrecht, diesem Blumenkind;
die meisten sind für seine Schönheit blind.

Buschwindröschen

Vom Wiesengrunde strahlt sein Sternenblick
zur Sonne auf in innig treuer Schau,
als träume es der Sehnsucht fernes Glück
da jenseits weit im hohen Himmelsblau.

Den Wolken blickt es nach wie Segeln fern,
die dort im tiefen Meer des Himmels treiben,
und zöge fort mit ihnen nur zu gern
und weiß es doch, es muss am Boden bleiben.

Doch muss ich schon am Orte mich bescheiden,
so lasst die Träume meiner Sehnsucht mir,
den Blick lasst mich am Bild des Himmels weiden
und an der Sonne, seiner ewigen Zier!

So blickt es denn empor und träumt und schaut
und merkt nicht, wie es welkt und bald ergraut.

Tulpen

Es war zur Mondesnacht beim Elfenreigen,
als festlich man das Herrscherpaar erkor,
zur Frühe endlich, da die Nebel steigen,
und schon der Mond im Dämmern sich verlor.

Im Kreis erschien mit Sphärenklang und Spiel
der luftge Ariel und reicht' zum Thron
den schönsten Blumenkelch auf hohem Stiel,
ein Weihgeschenk der jungen Elfenkron:

So perlt am reichsten Kelch der Tropfen nicht
wie hier der Morgentau an reiner Blüte,
so edle Farbe und die Form so schlicht,
darum selbst Künstlerhand umsonst sich mühte.

Sprach es, und seines Zaubers Meisterstück,
die Tulpe, ließ auf Erden er zurück.

Veilchen

Am Wiesengrunde halt ich mich versteckt
und freue mich an Sonn und Vogelsang
und lausch den Bächen, die der Frühling weckt,
dem altvertrauten, immer neuen Klang.

Wohl hört ich, dass die Dichter mich besingen,
dass sie in Liebe kindisch mich umwarben,
doch frage ich: Was kann ich ihnen bringen,
was gibt mein Blühen mehr als Duft und Farben?

Einst pries man mich sogar auf Albumseiten
ob meiner Anmut und Bescheidenheit –
die Tugend wie ein Steckenpferd zu reiten
empfahl man sich. Ach, welche Albernheit!

Empfohlene Tugend spricht sich selber Hohn;
bin ich bescheiden, weiß ich nichts davon.

Flieder

Das ist die Fülle schöner Tage wieder!
Das ist der Duft von Blütenschaum und Flieder,
ist die Willkommenszeit der Sonnenfrühe,
der schönen Abende nach Tages Mühe,

wenn spät sich uns die ersten Schatten senken.
Wir sitzen wieder abends auf den Bänken.
Wir wollen wieder in den Abend gehen,
nichts sagen, nur die Sonne sinken sehen.

Unsagbar diese Milde rings der Luft.
Und immer reicher strömt der Blüten Duft.
Wir wollen schweigen und die Düfte trinken
und trunken hin zu all der Fülle sinken.

Denn unser Denken fasst die Quellen nicht,
aus denen diese Kraft des Lebens bricht.

Wasserlilien

Sieh, wie die Wasser lächeln, wie sie schmeicheln!
Die Lilien tauchen trunken ihre Kronen
in diesen reinen Spiegel. Sie betonen
die Unschuld solchen Spiels. Die Wellen streicheln

voll Zärtlichkeit die mädchenschlanken Glieder
und tun sich wohl, bis sie die weiße Haut
mit klaren Tropfen reich und kühl betaut,
und beugen sie zu sanftem Kusse nieder.

Welch aufgeblühter Reiz! Der Himmel schaut
mit blauverklärten Augen aus der der Höh'.
Er ist von all der Schönheit hell entzückt,

gesellt sich zu den Badenden im See
und wählt die erste beste sich zur Braut.
Die Ufer aber schweigen tief beglückt.

Margaritten

Der junge Sommer schwelgt in Licht und Fülle.
Die Felder wogt sein mittäglicher Hauch.
Die Wiesen träumen Hirtenlieds Idylle
und himmelweit die Wolkenzüge auch.

Dies Bild zu zieren leuchten weiße Sterne,
die Tausend Sonnenblicke reifer Wiesen,
sehnsüchtig schauend in die Wolkenferne
und blütenweit, den Himmel zu genießen.

Da steht der Mensch, im Innersten betört.
Vor solchem Bild gerät sein Herz in Not.
Doch stets ermannt er sich, und er zerstört
und sichelt alles hin zu jähem Tod.

Im Menschen siegt doch stets der Egoist,
der frech nur alles nach dem Nutzen misst.

Fingerhut

Der Sommer schüttet seine Sonnentage
in heißen Fluten aus. Die Hitze brütet.
Und tief versunken steht der Wald; es hütet
sein Schweigen eine uralte Sage.

Die Stille tropft, und alte Düfte steigen.
Das Schweigen bläht die Stille, und es blüht
geheimnisvolles Leben, wo der Sommer glüht.
In Strahlen fällt das Licht aus dunklen Zweigen.

Und wo der hohe Wald die Schatten lichtet,
und Sonnengräser duften, da erhebt
sich kerzenschlank der Fingerhut und lebt
der Schönheit Zierde, die zur Stille flüchtet.

Es ist als ob die Blüten Töne tropfen
und an das Schweigen jener Sage klopfen.

Wegwarte

Auch bei uns gibt es Sommer, die wie
der der heiße Schrei eines Vogels
niederschlagen , die Erde
trockener Krallen aufzureißen.

Auch wohl das Einerlei der gläsernen Himmel –
unwirkliche Glocken über
dem Flimmern mittäglicher Steine
und dem Gesang des reifen Korns.

Da ist denn dieses unverhoffte Blau,
das Blau eines ewigen Reizes,
Triumph des völlig Unwahrscheinlichen.

Ein Blau, das Augen aufschlägt, Himmel, Sehnsüchte.
Das Wunder eines dürren Stängels,
sieghaftes, leuchtendes Behaupten.

Roter Mohn

Und immer, wenn der Klatschmohn leuchtend blüht,
ergreift mich dieses wunderbare Weh –
Erinnerung, die mir das Herz durchglüht,
die Bilder einer Liebe. Ach, ich seh,

wie sie beim Spiel am sommerlichen Raine,
unschuldig wie die Kinder noch, erwacht,
und wie, zur Glut des roten Mohns entfacht,
sie heiß ward wie die sonndurchglühten Steine.

Der Mohn verbrennt an seiner raschen Glut.
Die Blüten, eben noch so leuchtend rot,
schon taumeln sie hinab zu jähem Tod.

So taumelten die Liebenden hinab
und rissen ihre Liebe mit ins Grab ,
umschlungen fest zur ewig dunklen Flut.

Chopin
(Preludes nocturn)

Die Lauterkeit von morgendlichem Tau,
wie silbern er das frühe Himmelslicht
zu Strahlen diamantener Farben bricht.
Ein leichtes Wehen, frühlingshaft und lau,

das mit der Sonne in den Blättern spielt.
Ein Sommerregen, seine Perlen sprengend
und tausendfach zu klaren Tropfen hängend,
als ob er gern in Zweigen noch verhielt.

Und Liebe, die uns in Gesang zerfließt
und wie ein Abend auf die Blüten sinkt,
im Schlag der Nachtigallen weiter schwingt,
zu einem Meer der Sehnsucht sich ergießt.

Als ob die Sehnsucht nach dem Himmel riefe
und den beredten Abend noch vertiefe.

Tschaikowski
(Abgesang)

Singt einer seinen Abschied von der Erden,
wer, tief betroffen, horchte da nicht auf?
Wem sollte da ums Herz nicht schwerer werden,
und wer verhielte nicht in seinem Lauf?

Der du auf Flügelrossen dieser Zeit
geschäftig hastend durch das Leben eilst,
nur einmal leg dein lautes Tun beiseit!
Sein Abschied fordert auf, dass du verweilst,

ihm nachzuschau'n, dem einsam stolzen Schwan,
so mit den Blicken ihm Geleit zu geben
ins kalte Reich, das nimmer Menschen sah'n.
Und lass auch einen Schauder dich durchbeben!

Und wenn sein Lied verklang, steig in die Bügel
und greif getrost erneut der Zeit die Zügel!

Meister Breugnon

Er packt das Leben bei den vollen Brüsten.
Er muss es trinken, schmecken, tastend fühlen,
mit Armen tief in seiner Fülle wühlen,
und muss ihn doch nach Neuem stets gelüsten.

Ihn lockt die schwätzende Geselligkeit,
und wie des Maien knospende Jungfernschaft
so auch des Sommers sonnenreife Kraft.
Ja, Krankheit selbst und Kampf, Verdruss und Leid

sind von des Lebens süßem Reiz umwittert.
Und was er je erschaut, was er erlebt,
in seinen Händen, phantasiedurchwebt,
wird es Gestalt, die keine Zeit erschüttert.

Breugnon, wer sich an deiner Seite hält,
der geht nicht unter, der besteht die Welt.

Hölderlin

Und warf die Zeit denn alle uns achtlos aus,
und tastet jeder vorwärts nach Licht und Trost –
ein Starker geh, und seine Fackel
leuchte den Zagenden hin zur Weite!

Und also kam und trat aus dem Äther er.
Vor seinem Lichte fielen die Ewigen
aufs Knie, dass nunmehr die Gestirn', die
Himmlischen, freundlich dem Menschen wandeln.

Er schwang den Flug der ewigen Ahnen aus.
Er einzig zwang die Größe unwandelbar.
Und üppig blüh'n die heiligen Worte
auf in phantastischen Filigranen.

Die Welt durchglüht sein Wort uns, sein hehrer Sinn.
Es fliegen die Gedanken ins Reine ihm,
ins Heilige. So tropft sein Leben
goldener Schalen zum Grund der Zeiten.

Denn neidvoll hüllten sie ihm, die Göttlichen,
das Haupt zur dämmernden Tiefe hinab.
Wir Menschen aber tragen seine
Größe durch unserer Sterne Sphären.

Und wirft die Zeit auch alle uns achtlos aus,
und tastet jeder vorwärts nach Licht und Trost –
ein Starker kam, und seine Fackel
leuchtet den Zagenden hin zur Weite.

Jesus

O Jesus, du, in einsam wandelnder Größe,
in Schritten durch die weißen Gipfel hin,
allein mit Gott und seines Wortes Sinn,
mit jenem Glauben, dass dein Tod erlöse!

Wie tief vor dir der Mensch und seine Innung,
das boshafte, erbärmliche Gezücht!
Die Liebe, die du lehrtest, trug dich nicht,
dich trug der Wahn der göttlichen Bestimmung.

Wer wird das Maß der Qualen je erfassen?
Ach, wie es aus bedrängter Seele schreit,
wie es verhallt in toter Ewigkeit
dies: Gott, mein Gott! Was hat du mich verlassen!

O, ihm, des Sterben sein Mysterium,
ihm blieben sterbend Gott und Glaube stumm!

Franz Schubert

Behutsam nimmt er unsre Hand. Er führt
uns durch sein Reich in wunderbarem Lauf,
und alles steht zu Blumenkelchen auf,
woran der Zauber seiner Seele rührt.

Die Blüten neigen sich uns zu, und schwer
verströmt ihr voller Hauch, erfüllt die Luft
betäubend fast mit schmerzlich süßem Duft,
und Träume weh'n aus seinen Tiefen her.

Doch eh wir uns der Schönheit ganz verseh'n,
zerbricht sie an sich selbst, muss sie vergeh'n,
muss sie in jähem, tiefem Schmerz verglüh'n,

in Fernen der Erinnerung verweh'n.
Und erst die Liebe lässt sie aufersteh'n,
lässt sie zum alten Glanze neu erblüh'n.

Peter der Erste

Die dumpf ihr eure ewige Stumpfheit brütet!
Die ihr auf euren faulen Öfen hockt,
dass schier das Blut euch in den Adern stockt!
Die ihr das Alte eifersüchtig hütet

wie eure Bärte, wie das Ungeziefer!
Die ihr den Moder des Gewohnten stinkt!
Die ihr in Dummheit und in Dreck versinkt
wie in Morast, ach, tief und immer tiefer!

Heraus aus diesem Pfuhl! Der Morgen dämmert!
Ans Licht! An den Tag! Geschafft! Gehämmert,
die Seele hart zu schmieden, rein zu bluten

in Taten, die die Himmel überfluten,
in hehren Wettern, die den Leib wie Stahl
zum Bogen spannen vor der Blitze Strahl!

Porträt

Dem hat der Egoismus längst das Herz
zerschnitten. Alle Ströme sind erstarrt.
Wie eisbedeckte Felsen, schroff und hart,
ragt er in jähem Stolze himmelwärts.

Doch nimm den Hammer, schlag die Blößen auf,
und übler Ruch steigt aus verdorbnen Gründen.
Ein dunkler Pfuhl geheimer Schuld und Sünden
vergärt und stöhnt in Blasen dumpf herauf.

Und sieh: Die schwarze Sehnsucht wacht und äugt,
und krächzend schwingt sie ihre wilden Flüge
zum anderen Ufer hin, wo Schmutz und Lüge

in Sümpfen wuchern. Übers Aas gebeugt,
sich selber zum Erbrechen und zur Qual,
hält sie mit Geiern dort ihr ekles Mahl.

Der da

Und was du siehst, ist Maul,
ein großes, angestrengtes Loch, daraus
der Geifer fliegt und andrer Graus.
Folgst einem Ritt auf abgedroschnem Gaul,

siehst Arme in die Lüfte schnellen –
die Geste zückt, sie peitscht die alte Mähre,
doch Wort und Geifer, alles fliegt ins Leere,
und nur die angestrengten Adern schwellen.

Der da reitet seine Eitelkeit.
Er jagt sie plumper, ausgetretener Spuren
durch die schier unbegrenzten Fluren

der Einfalt und der Dummheit. Ach, wie breit,
wie üppig schießt das allerorts ins Kraut!
Welch eine Flut! Und keiner, der sie staut.

Antike

Das Licht gebar den reinen Stein.
Wie aus den Schatten, die die Dämm'rung hegen,
so tritt der Mensch dem eignen Bild entgegen,
ein Bild von gotterhabenem Widerschein.

So sucht er jene zaubrischen Konturen,
ihr göttliches Geheimnis, zu entsiegeln,
sich immer neu im Glanze zu bespiegeln
dies schönen Bildes, sucht es in Gravuren

von Gold und Wort, Gedanke und Gestein;
und baut er Tempel marmorweiß und rein,
um sie der Schönheit dieses Bild's zu weih'n,

greift freier Hand nach goldenen Zielen,
übt sich in hundertfachen Spielen,
dem also Gotterkannten gleich zu sein.

Der Morgen

Von Ferne dröhnt's. Die Horizonte zittern.
Der Frühe lichte Flaggen sind gehisst.
Und Tritt um Schlag und Schlag um Tritt . es ist
ein Marsch im Prunk von erzgeborenen Rittern.

Wie Berge kommen sie, die Helme glüh'n
im Jubel hohen Lichts. Und jähen Schlages –
die Himmel bersten, grelle Feuer sprüh'n –
tritt nun die Sonne vor das Tor des Tages.

So raff dich auf! Wirf weg, was dich umfängt,
was lähmend dir die heiße Brust beengt,
was deinen Fuß wie Blei am Boden hält,

und bade dich in dieser lichten Glut
und trinke dieses Morgens Kraft und Mut
und halte mit ihm Schritt! Bezwing die Welt!

Und dröhnen je

Und dröhnen je die Glocken von den Türmen,
und seh' ich, was da Not und Elend litt,
nun flammend endlich in den Aufruhr stürmen,
da jagen alle meine Pulse mit.

Und wo der Mensch beseligt je und frei
auf Hügeln seines Sieges steht, entzückt
die Fernen schauend, steh auch ich dabei,
im Glück der anderen erst ganz beglückt.

Getrieben so im Wirbelsturm der Zeit
durch alle Wetter, die die Völker beugen,
in ihren Zwisten hin–und hergerissen,

die wechselnd Hoffnung mir und Qual erzeugen,
bin ich gemartert zwischen Furcht und Leid
und fast erdrückt von lastendem Gewissen.

Zeitsturm

Da, fernher stampft es wie von wilden Hufen!
Die Erde fiebert, und die Wolken dröhnen.
Ach, rings das Leben beugt ein jähes Stöhnen
wie unter der Vergeltung Donnerrufen.

Die Tore brechen, alle Brücken splittern,
und unaufhaltsam nähert sich dies Stampfen.
Nun birst die Erde gar, die Spalte dampfen,
ein Tosen wie von Tausenden Gewittern.

Schon da die Jagd. Vor dir gefletschte Zähne,
erbarmungslose Hufe, tote Leiber.
Was stehst du noch? Ergreif die nächste Mähne!

Den sicher'n Tod bedeutete dein Schwanken.
Spring auf und reite mit! Sei selbst der Treiber!
Nur solchem Mut kannst du die Rettung danken.

An die revolutionären Vorkämpfer
1

Die ihr das Neue wie den Frühling träumtet,
so ideal, so lichtverklärt und rein,
dass ihr, betört von seinem Strahlenschein,
in leidenschaftgeborener Kraft euch bäumtet,

dass ihr titanenmächtig hingestürmt,
wo sich das Alte euch entgegen stemmte,
wo Sturz um Sturz den Lauf euch hemmte,
Unmögliches sich gipfelhoch getürmt –

euch blieb ja nur die eine bittere Wahl:
Hie alte Not, Erniedrigung und Qual,
da Kampf um jenes Sternenideal;

so stiegt ihr auf, ihr musstet Helden sein.
Und nie verlor der Stern von seinem Schein,
ihr hieltet ihn mit eurem Blute rein.

2

In euren großen, ruhmumlärmten Siegen
ward das Gebirge schließlich ganz bezwungen.
Dorther, wo ihr so opferreich gerungen,
sind wir zur Ebene hinabgestiegen.

Das Reich des Frühlings wollten wir erbauen.
Es galt, dem neuen, hart erkämpften Leben
den Glanz des Sternenideals zu geben.
Doch das erforderte ein Erdwärtsschauen.

Wir blicken vor die Füße, auf den Dreck.
Wir pflügen, und wir räumen Steine weg.
Wir atmen Staub, wir husten und wir spucken,
wir zerren, und wir rütteln, und wir rucken,

vor Augen einen Lichtschein matt und fahl,
den Widerschein vom großen Ideal.

3

Dass wir die Ebene zum Teil gepflügt,
dass glücklich uns die erste Frucht geworden
und möglich ward, etwas für sich zu horten,
das, billig, hat den meisten schon genügt.

Nicht um des Frühlings und der Schönheit Willen!
Nicht um der heitern, jugendlichen Kraft!
Um Tiefe nicht und nicht um Leidenschaft!
Nicht um der Sehnsucht ewigen Durst zu stillen!

O nein! Um Sattheit und Bequemlichkeit!
Und schon versotten auch die Hirne wieder.
Wohlstand schlägt sich an trägen Bäuchen nieder.
Die Heimstatt eine Suhle. Mit der Zeit

versinkt das schöne Ideal und bleicht.
Der Blick hängt stolz an dem, was man erreicht.

Zuversicht

Was denn! Wir alle schießen ja
an künstlichen Düngern ins Kraut,
der blasse Schrei nach Chlorophyll.
Nur Krautwerk dieses Werden, das

an Formeln rankt, an kahlen Zeichen,
Verträgen und Papier. Was für ein
unfruchtbarer Schaum, der allzu bald,
schon mit dem Herbst, vergilbt und stirbt.

Doch irgendwo, verloren gar,
gedeiht die Sehnsucht einer Blüte.
Ja, fast erstickt und doch:

Ein Reifen an des Schattens Stille,
der Zauber einer Frucht, die Zuversicht,
der Same künftigen Entfaltens.

Das Ideal

Ach, dieses Leben schickt uns in die Sielen!
Wir sind dem Rad des Fortschritts vorgespannt
wie Treidler einst den Schiffen, Brust und Hand
entstellt von Narben und von blutigen Schwielen.

Und Peitschen hinter uns und viel Geschrei,
Parolen, Fahnen, Überdruss und Qual,
und vor uns sternenweit das Ideal:
dass einst die Menschheit wirklich menschlich sei.

O, glaubt es, Menschen, Brüder! Wollt es glauben!
Nur solch ein Mühen kann das Rad bewegen
und jenem fernen Glanz uns näher bringen!

Uns müsste denn die Qual die Kräfte rauben,
ermattet würden wir uns abseits legen,
und unser Leben müsste uns misslingen.

Meine Trauer

Es ist wohl Trauer, was mein Herz erfüllt.
Ich seh' die Menschen frei von Not und Leid,
die Tore in das Leben flügelweit
geöffnet, Wahrheit schimmernd unverhüllt

und fordernd nichts als unsre Leidenschaft.
Ich find' das Schönste allen hingebreitet,
die Himmel ins Unendliche geweitet
und frei die Brunnen schöpferischer Kraft,

doch seh' ich selten einen daraus trinken;
die meisten seh' ich freventlich versinken
in träger Wohligkeit und seichten Pfühlen,

die Seelen wie die Bäuche schlaff und müd,
dass keine Leidenschaft sie je durchglüht,
und nimmer Schönes sie noch Tiefes fühlen.

Vom Strom regiert

Sieh jenes Schiff! So fliegt des Stolzes Bild
im Jubel seiner Flaggen durch die Wellen.
Sein hoher Bug zerbricht, ein sicherer Schild,
die Kräfte, die sich ihm entgegenstellen.

Das Steuer wird von weiser Kunst geführt,
das Ziel erstrahlt im Glanz der Zuversicht,
die Feuer sind von hohem Mut geschürt,
und freie Lieder fliegen mit der Gischt.

So kühn das Schiff, die Mannschaft ohnegleichen,
ein Unternehmen unter besten Zeichen.
Und dennoch, ach, ich merk es mit Entsetzen:

Sie werden nie ihr schönes Ziel erreichen.
Schon seh' ich sie vom rechten Kurs abweichen,
vom Strom regiert nach tieferen Gesetzen.

Kunst der Moderne

Als ob sich Flächen ineinander neigen,
die grellen Stürze flimmernder Tapeten,
die nur zerrissene Reflexe zeigen
von Kraft und Zimt und gelben Spleten,

von Stürmen, die sich drohend wild erheben,
Ballons zerplatzen und dann jäh ersterben,
von Pauken, die zerstäubend widerbeben
und Mosaiken blank geputzter Scherben,

von Sternenblinken aus dem Kosmos her –
ein Hallen jeglicher Verlorenheit –
von Ungeheurem, das nach Gipfeln schreit,
ein Hurrikan der schwindelnden Posaunen!

Die Augen starren, und die Ohren staunen,
allein das Herz, ach, unser Herz bleibt leer.

Der Bau

Gestrenge Steine. Raum zu Raum gerüstet.
Gediegen Gold zu reinem Glanz erhoben,
wohl auch zur Zierde des Ornats verwoben,
der Uniform, darin die Macht sich brüstet,

erstiegen in der Dunkelheit der Ränke.
Riesige Orgeln, taub und süß verquollen,
und Worte, die von Kanzeln nieder rollen,
Reliquien von Stein zwischen die Bänke.

Ja, Kuppeln, die den Bau der Himmel tragen,
und Glocken, die in alle Winde schreien,
Soldaten, Manuskripte und Kanzleien

und Grüfte und Finanzen und Altäre –
ein ungeheurer Bau um jene Leere,
wo einst vielleicht ein warmes Herz geschlagen.

Aus den Slums

Ich hocke, ein elender Bettler, am Rand der Städte.
Der Armut Schwären sind es, die ich hüte.
Wie bin ich dieses eklen Daseins müde,
der tauben Sehnsucht, dieses ewigen Hätte!

Der Hochmut tritt nach mir. Vor seinen Füßen
bin ich ein Dreck. Und die Verachtung schiebt
beiseite mich, als ob es mich nicht gibt.
O, einmal werdet ihr mir all das büßen!

Wie hass' ich euch, ihr aufgeblähten Satten,
für die ich nur ein Ungeziefer bin!
Ach, euer Mitleid wirft mir Abfall hin,
den ich mit Hunden teile und mit Ratten.

Ich ruhe nicht, bevor ich jede Gabe
mit einem Aufschrei eurer Angst vergolten habe.

Götzendienst

Wir haben einen neuen Gott! Es ist
der Nutzen. Seht doch, wie die Menschheit schreit!
Wie sie um seinetwillen sich kasteit,
wie sie nurmehr nach seiner Elle misst!

Ja, Götzendienst ist unser Streben. Seht:
Wir bauen Tempel, seinen Glanz zu mehren
und opfern ihm an prunkenden Altären,
wir leben ihm in Arbeit und Gebet!

Verdammt noch mal! So fällt denn keinem ein,
es könnte dieser Gott der Teufel sein?
Seid ihr denn allesamt total verblendet?

Der Teufel ist's, für den ihr euch kasteit,
dem ihr vivat und halleluja schreit,
an den ihr Leben und Gebet verschwendet!

Narrheit

Ein Narrenlärmen und Gebimmel
von Schellen trubelt auf den Brücken,
ein kindisch lallendes Entzücken,
die Seligkeit der neuen Himmel.

Was für ein klapperndes Getöse!
Nur Hohlheit kann so lärmen,
nur Narrheit so verblendet schwärmen!
O, wie erschütternd diese Blöße!

Die Brücken, hangend über jähen Gründen.
Was soll nur die groteske Höhe?
Die erste Woge oder Böe
reißt alles zu des Wassers Schlünden.

Und jene Wasser kümmert nicht,
was da in ihre Tiefen bricht.

Wissenschaftlich

Die Sinnenwelt ist zu profan.
Wir richten uns in Zahlenreih'n,
Kategorien und Kreisen ein.
Hyperbel unsere Lebensbahn.

Und im Gesetz lebt unsre Kraft,
und unser Glück ruht in Beweisen.
Um Formeln wie um Sonnen kreisen,
das ist uns Mut und Leidenschaft.

Ein Hoch der Wissenschaftlichkeit,
der Gottheit der modernen Zeit!
Ein jedes Hirn ihr Tempel. Dort

bringt eure Opfer zum Altar!
Das Heiligste bringt freudig dar
und lebt getrost als Krüppel fort!

Parteikader

Vom Schaum künstlicher Gärung aufgebläht,
ob solcher Hohlheit jäh empor gehoben,
und also Maßstab und Aspekt verschoben,
bis man zuletzt in höhern Dunst gerät.

Der Dummheit wird hier aufgepfropft,
unedlen, primitiven Sprossen,
an Überdüngung haltlos aufgeschossen.
Nicht Tau noch Duft noch Nektar tropft

von jenen auffälligen Blüten.
Denn ob sie auch mit grellen Farben schrei'n,
ist's nur der Dinge blanker Widerschein;
es schien stets nur, als ob sie glühten.

Nehmt ihnen ihrer Dünste Zauberkreis,
sie landen hart wie Adam auf dem Steiß.

Diktatur

Ein Felsen ragt in schroffen Steilen auf,
in Quadern finstrer Macht,
und seines Mißtrau'ns stetes Auge wacht,
und seiner Willkür Wetter ballen sich zuhauf,

bereit, mit tödlich grellem Schlag
auf jeden Stolz, ja, auf den bloßen
Verdacht der Größe hin herabzustoßen
und zu zerschmettern. Aber Tag um Tag

in jenen stumpfen, niederen Regionen
erstehen zahllos die Legionen
der Dummheit, blindes, stinkendes Gedärm,

in wütender Entschlossenheit verkrampft;
und diese Plumpheit stampft
millionenfach die Welt zu taubem Lärm.

Gegen die Tyrannei

So steig herauf, du widerlicher Hass,
aus deinen Winkeln, wo du spinnverwebt,
am Rande unsres Seins dahingelebt!
Steig nun herauf gorgonenhäuptig, dass

wir dich an ihren Greueltaten nähren
und schärfen deine mörderischen Krallen!
Lass deine Schreckensrufe schallen
und lass dein wildes Blut zu Gift vergären!

Auf Drachenflügeln sollst du dich erheben,
im Sturz in ihre Reihen einzubrechen
und dich in ihre Leiber zu verkrallen!

Vor deinem Schreckbild sollen sie erbeben,
vor deinem Atem jäh zu Tode fallen!
So sollst du den erschlagenen Bruder rächen.

Silvester

So weihen sie des Jahres letzten Tag:
In Alkohol und Narrheit lösen sie
ihr bisschen Selbst zur Fratze auf, um wie
die Hexen dann bei Blitz und Donnerschlag

Walpurgisnacht zu feiern. Welch ein Spuk!
Ein Mummenschanz, der grelle Tänze schleift
und gier dabei nach geilem Fleische greift –
das Brockenfest bis auf den Besenflug!

Warum? Aus lauter Freude, dass das Alte
gezwungen ist? dass nun ein Neues walte?
Aus Furcht vielleicht vor nur erneuter Qual?

Silvester? Pah! Zu eng ist die Moral!
Ein Anlass, ihr mal aus der Haut zu schlüpfen
und purer Bocksgestalt umherzuhüpfen!

Und heute mehr denn je

Du wirst sie treffen, jene falschen Weisen,
die Wagner, jene hochgelahrten Pinkel,
wie sie sich eingesponnen in den Kreisen
der Enge und der widerlichsten Dünkel.

Wo sich das Leben dir entgegen drängt,
dir voller Arme seine Fülle schenkt,
siehst du mit spitzen Fingern sie sezieren,
dünnlippige Gesetze formulieren
und scheel auf Grad und Titel spekulieren.

Lass dich von ihnen ja nicht irritieren!
Sie geben ihres Herzens dürren Strauß,
und gar begründet, für das Leben aus,

und heute mehr denn je.
Der Teufel weiß, wohin das wohl noch geh!

Eifersucht

Wo erst das Misstrau'n seine Wurzeln schlug,
da ist es, dass die Liebe bald vergärt,
dass sie zu scheeler Bosheit schwärt,
zu dunklem Wahn, zu spieglerischem Trug.

Und wenn sich erst die gelben Säfte stauen,
der Eigenliebe giftiger Absud,
der schwelt und brodelt bei geschürter Glut,
da stürzt es los mit tierisch blinden Klauen.

Und ach, es reicht ein kleiner Windstoß nur,
da ist die so entartete Natur
mit eins zu Geiferlohen jäh entfacht;

die reißen alles mit in ihren Schlund,
bis dass die Herzen ausgebrannt und wund,
und wir um Liebe und Verstand gebracht.

Abgelegt

Ein Dasein ohne Trost, ein zähes Sterben
im trägen Blick getrübter Pfützen,
bei Dingen, die zu nichts mehr nützen,
bei altem Eisen, Bruch und Scherben.

So stirbt die Uhr, in deren bloßen
Eingeweiden nun die Regen geh'n,
so, ausgeleert, Konservendosen,
darinnen halbverfaulte Laugen steh'n.

Melancholie der großen Halden.
So sterben, weggeworfen, Kinderwagen
und Polster so, daraus die Federn ragen;
furchtbarer Gang zum Ungestalten.

Fäulnis und Moder treiben ihren Ruch.
Verlorene Bestimmung – welch ein Fluch!

Absturz

Ihr steht noch, liebe, altvertraute Bäume,
und atmet euren Frieden wie zuvor?
Ich wähnte euch mit mir gestürzt, ich Thor,
der ich mich in den Himmel meiner Träume

verstieg. Ich fiel so jäh und tief. Mein Herz
ist klaffend aufgerissen. Alle Glut,
die mich beseelt', verströmt mit meinem Blut,
und rasend, ach, zerschneidet mich der Schmerz.

Was musste ich denn auch so blind vertrauen?!
Wie konnte ich so hoch und luftig bauen
und hatte doch kein rechtes Fundament!

O sagt mir, wie ein ausgewachsener Mann,
der überdies die Menschen gründlich kennt,
derart naiv und eitel glauben kann!

Ihr armen Kreaturen

Ich kenne euch, ihr armen Kreaturen!
Ihr seid die Sterne ohne eignes Licht.
Wenn keine Sonne ist, sieht man euch nicht,
dann steht ihr da und glotzt mit euren sturen

Gesichtern in die ungeheure Öde,
die aus dem Innern euch entgegen gähnt.
Euch schaudert vor dem Dunkel dort; ihr wähnt
das Leben wie euch selbst so stumpf und blöde.

Ihr habt nur eine Furcht: die Langeweile,
nur eine Sucht: euch selber zu entfliehn.
Wo irgend Leben ist, da müsst ihr hin.

O, wie ihr leidet, wenn ihr einsam seid!
Am Ende lebt ihr Ärmsten nur zu zweit,
dass eins des andern Langeweile teile.

An der Schwelle

Nur halben Schrittes noch auf sicherem Grund.
So zögernd, einzutauchen in die dreiste Flut,
die lockend aufwallt über jähem Schlund,
Gefahr nicht kennend noch den eignen Mut,

nur ahnend erst der Liebe Wonneschauer,
nicht kennend der Versuchung Schlangenbiss,
nicht wissend um des Glückes Wechseldauer
und der Enttäuschung herbe Bitternis

wird bald der Strom mit deinen Ängsten spielen
und höhnen deinem suchend irren Blick,
und mit Entsetzen wirst du plötzlich fühlen,
dass da kein Halten ist und kein Zurück.

Dann ball' im Glauben Kraft und Leidenschaft,
zu glauben an die eigene Götterkraft!

Tröstung

Ein kühler Atemhauch über der Wunde.
Ein Flockenfallen auf den starren Blick
der Toten, so das grausame Geschick
begütigend. Ein Wort aus liebem Munde.

Die Hand, die sich mit der Behutsamkeit
der Mutter auf die heiße Stirne legt,
ja, jenes Zuneigen, das lächelnd pflegt,
beschwichtigend die Ängste und das Leid.

Ein milder Hauch, ein linderndes Ergießen,
so wie ein lang ersehnter sanfter Regen,
wie Tränen, die aus der Erstarrung treten,

sie lösend bis zum stillen Überfließen.
Musik, die wie ein sonnenwarmes Licht,
wie Himmelsschein in die Verdüstrung bricht.

Wie müde

Wie müde ich der leeren Schalen bin
und des Geschmacks von fadem Staub und Aschen!
Wie müde, stets nur Schemen nachzuhaschen!
So fahr doch diese ganze Hohlheit hin!

Ach, eine Thorheit nur, gleich was es sei!
Ein Wahnwitz, der mir aber die gesamte
Natur zu heißen Lohen jäh entflammte!
Was daraus folgte, wäre einerlei.

Und wenn die Braven dann betroffen schrei'n,
und wenn sie mich verleumden und beschimpfen
und ihre tugendhaften Nasen rümpfen,
dann soll mir das ein gutes Zeichen sein.

Und wenn du aber schuldig wirst dabei? –
Wie weich du bist! Du machst dich niemals frei!

Verloren

So hast auch du dich denn herbeigelassen
und einen Kreis um dich gezogen! Hast
dein Ich dem Wir verpfändet, nur noch Gast
dir selber! Ach, ich werd es nimmer fassen.

Und sitzt auf braven bürgerlichen Stühlen
und singst nun wohl die braven Lieder auch
und folgst der Sitte nun und tust, was Brauch,
und mahlst die zähen Kreise fremder Mühlen!?

Wie bald wird da dein heißes Herze kühlen,
und wird veröden so dein hoher Sinn.
Du schwemmst dich auf an weich gepflegten Pfühlen
und sinkst zum Grund der seichten Übel hin.

So, abgestanden, ach, und bald vergoren,
bist du dir selber und der Welt verloren.

Leere

Da gehen in ersticken Räumen
lautlose Schritte durch das Nichts,
und ist kein Fragen angesichts
der Leere und kein Kräftebäumen.

Da sind nur Aschen toter Brände,
ach, kalte Aschen in der Brust,
begraben drunter Kränkung und Verlust,
das Atmen eine Last. Am Ende

ist da ein Sog von Schlamm nur an der Leere
des Herzens, unausstehlich stet,
als ob doch was zu saugen wäre.
Nichts sonst, was Lebendes verrät.

So geh, erstorben Herz und Sinn,
ein Schatten ich, durch Totes hin.

Was fragt ihr?

Was fragt ihr mich nach meinen frommen Herden?
Was danach, wo sie weiden? In Gefilden,
die unsre Welt nicht kennt, an jenen milden
Gestaden, wo die Regenbogen werden.

Dort in Gewölben, rein und lichterhoben,
auf weißen Säulen, dem Gemüt, dem wahren
entwachsen, mit phantastisch wunderbaren
und reich erblühten Kapitellen droben.

Kennt ihr den blauen Ruf der Taubenflüge?
Und wisst ihr um die fernen Himmel, die
uns alle Abende in Melancholie

von Purpur und Türkis versenken? Und
wisst ihr des Morgens reinen Urgrund?
Was fragt ihr also, dass ich euch genüge?!

Der Vers

Und immer dämmert mir am Rand der Tage
ein Vers, er schimmert aus der Dunkelheit.
Und wie der Zauber einer alten Sage
rührt er an eine ferne, schöne Zeit.

Er winkt mir zu aus jenes Zwielichts Zonen,
aus jener Welt konturenloser Schemen,
wo uns die Ahnung und die Hoffnung wohnen,
daher sie wunderbare Kräfte nehmen.

Doch endlos weitet sich dahin Gefilde,
darauf der Lärm sich zu Gebirgen türmt,
des großen Menschen jammervolle Gilde
sich durch die Tage ihrer Plagen würmt.

Drum kann ich ihn nicht deuten und nicht fassen,
doch nie werd' ich von jenem Verse lassen.